AF336202

SÉANCE DU 5 MAI 1848.

RAPPORT

sur

L'ÉTAT SANITAIRE

DU SERVICE DES INDIGENTS INSCRITS AU BUREAU DE BIENFAISANCE DU 3me ARRONDISSEMENT.

PENDANT L'ANNÉE 1847.

Monsieur le Rapporteur donne lecture de ce qui suit :

MESSIEURS,

L'année dernière nous avons été désignés par M. le maire pour faire un rapport sur l'état sanitaire du dernier trimestre de 1846, dans le bureau de bienfaisance du 3e arrondissement.

Cette année nos collègues ayant confirmé ce mandat pour tout le

BUREAU DE BIENFAISANCE

Du 3ᵐᵉ Arrondissement.

RAPPORT

SUR

L'ÉTAT SANITAIRE

PENDANT L'ANNÉE 1847.

PAR

MM. les docteurs AMEUILLE et PARMENTIER.

PARIS,

IMPRIMERIE DE WITTERSHEIM,

8, RUE MONTMORENCY.

—

1847.

— 4 —

cours de 1847, nous allons nous efforcer de remplir la tâche qui nous est imposée.

Le 3ᵉ arrondissement, l'un des plus salubres de Paris, ne renferme que peu d'ateliers et de ces foyers d'infection qui portent une si fâcheuse atteinte à la santé des classes pauvres et laborieuses. Aussi y rencontre-t-on en moins grand nombre qu'ailleurs ces maladies incurables, telles que : *scrophules, phthisie*, etc., qui désolent la population parisienne dans les quartiers où l'agglomération des maisons et des habitants ne permet pas la libre circulation de l'air et de la lumière.

Il est desservi par deux maisons de secours qui viennent en aide à 1,237 ménages composés de 2,545 personnes, savoir :

538 hommes
1,062 femmes
441 garçons
504 filles. (1)

Le service de santé du bureau de bienfaisance comprend d'abord les sujets atteints de maladies aiguës et traités à domicile, quand ils ne veulent pas entrer à l'hôpital ; enfin, les indigents affligés d'infirmités ou de maladies chroniques et incurables auxquels les portes des hôpitaux ne s'ouvrent pas.

Les individus qui n'ont que de simples indispositions viennent chercher chez le médecin lui-même les consultations et les ordonnances propres à les soulager. Dans le plus grand nombre des arrondissements de Paris, le service se fait autrement. Les consultations se donnent, une ou deux fois par semaine, à la maison de secours à tous les pauvres qui se présentent, de sorte que les médecins changent tous les mois. Le mode par nous adopté nous paraît bien préférable. En effet, nous apprenons à connaître les individus, leurs mala-

---

(1) Nous devons ces renseignements et quelques autres à l'obligeance de M. Mayer, trésorier du bureau de bienfaisance, qui s'y est prêté avec le plus louable empressement.

dies, leurs habitudes, leurs défauts, chose extrêmement importante pour leur traitement. Les pauvres de leur côté sont toujours sûrs de rencontrer leur médecin à l'heure fixée, et d'en recevoir à temps les secours dont ils ont besoin.

Les indigents dont il sera question dans ce rapport sont ceux qui, traités à domicile pendant le cours de l'année 1847, auraient pu être admis dans un hôpital.

Nous en exposons le tableau, autant que possible sans confusion, mais sans avoir cependant l'intention d'établir aucune classification nosologique.

Genres de Maladies.	NOMBRE DE MALADES et issue des maladies.	Hommes.	Femmes.	Garçons.	Filles.
MALADIES DE LA POITRINE ET DU CŒUR.					
BRONCHITE	42 malades.	10	20	6	6
	40 guér., 1 m., 1 hôp.		1 m.	1 hôp.	
CATARRHE	27 malades.	5	20		2
	26 guérisons.	1 hôp.			
PNEUMONIE	18 malades.	3	11		4
	11 guér., 3 m., 1 hôp.	1 m., 1 hôp.	4 m.		1 m.
PLEUROPNEUMONIE	12 malades.	4	5	2	1
	11 guérisons, 1 m.		1 m.		
PLEURÉSIE	23 malades.	6	12	1	4
	23 guérisons.				
PHTHISIE PULMONAIRE	16 malades.	7	5	3	1
	6 morts	2 m.	1 m.	3 m.	
HÉMOPTYSIE	3 malades.		3		
	3 guérisons.				
ANÉVRISME	6 malades.	4	2		
	1 mort.		1 m.		
CARDITE	3 malades.	1	2		
	3 guérisons.				
MALADIES DU VENTRE.					
EMBARRAS GASTRIQUE	3 malades.		3		
	3 guérisons.				
GASTRITE	7 malades.		6		1
	7 guérisons.				
ENTÉRITE	16 malades.	4	5	1	6
	14 guér., 1 m., 1 hôp.	1 m.			1 hôp.
GASTRO-ENTÉRITE	7 malades.	1	5	1	
	7 guérisons.				
ENTÉRITE CHRONIQUE	2 malades.	1	1		
	1 guérison, 1 mort.		1 m.		
FIÈVRE TYPHOÏDE	13 malades.	1		7	5
	13 guérisons.				
PHTHISIE MÉSENTÉRIQUE	2 malades.			2	
	1 mort.			1 m.	

Genres de Maladies.	NOMBRE DE MALADES et issue des maladies.	Hommes.	Femmes.	Garçons.	Filles.
SUITE DES MALADIES DU VENTRE.					
GASTRALGIE	1 malade. 1 guérison.		1		
DYSSENTERIE	2 malades. 2 guérisons.		2		
ASCITE	2 malades. 1 mort.		1		1 1 m.
HÉPATITE	3 malades. 3 guérisons.	1	1	1	
CANCER DE L'ESTOMAC	2 malades.	2			
MÉTRO-PÉRITONITE	5 malades. 5 guérisons.		5		
MÉTRORRHAGIE	6 malades. 6 guérisons.		6		
ENGORGEMENT UTÉRIN	1 malade. 1 guérison.		1		
CANCER UTÉRIN	2 malades.		2		
CYSTITE	2 malades. 2 guérisons.		2		
HÉMATURIE	1 malade. 1 guérison.		1		
RÉTRÉCISSEMENT URÉTHRAL	1 malade. 1 guérison.	1			
ULCÉRATION DIPHTÉRITIQUE DE LA GRANDE LÈVRE	1 malade. 1 guérison.				1
MALADIES DES CENTRES NERVEUX.					
CONGESTION CÉRÉBRALE	8 malades 8 guérisons.	3	5		
APOPLEXIE	3 malades. 3 guérisons.		3		
MÉNINGO-ENCÉPHALITE	8 malades. 4 guér., 4 m.			5 2 m.	3 2 m.
MYÉLITE	2 malades. 2 guérisons.		1	1	
HYDRO-CÉPHALITE	1 malade.			1	
NÉVRALGIE	6 malades 6 guérisons.	1	4		1
NÉVROSE INTESTINALE	2 malades.		1		1
FIÈVRE INTERMITTENTE	4 malades. 4 guérisons.		3	1	
COQUELUCHE ET GRIPPE	7 malades. 6 guérisons, 1 mort.		1	3 1 m.	3
ASTHME SPASMODIQUE	4 malades. 1 mort.		4 1		
HYSTÉRIE	1 malade. 1 guérison.		1		
SCIATIQUE	1 malade. 1 guérison.		1		

Genres de Maladies.	NOMBRE DE MALADES et issue des maladies.	Hommes.	Femmes.	Garçons.	Filles.
MALADIES DES YEUX.					
OPHTALMIE	16 malades. 11 guérisons.	6	7	1	2
CONJONCTIVITE	5 malades. 5 guérisons.	1	1	1	2
CHÉMOSIS	2 malades. 2 guérisons.				2
KÉRATITE	2 malades. 2 guérisons.			1	1
MALADIES DE LA GORGE.					
ANGINE	5 malades. 5 guérisons.	1	1	2	1
ANGINE COUENNEUSE	2 malades. 1 guérison , 1 mort.			1	1 1 m.
MALADIES DE LA PEAU.					
ROUGEOLE	24 malades. 18 guérisons, 6 morts.			13 4 m.	11 2 m.
VARICELLE	5 malades. 4 guérisons, 1 mort.			1 1 m.	4
VARIOLOIDE	5 malades. 5 guérisons.			2	3
VARIOLE	6 malades. 6 guérisons.	2			4
ERYSIPÈLE	11 malades. 11 guérisons.	2	5	2	2
GALE	2 malades. 2 guérisons.			2	
SCROFULES ET RACHITISME.	10 malades.		3	4	3
RHUMATISME ARTICULAIRE..	5 malades. 5 guérisons.	1	3		1
RHUMATISME MUSCULAIRE..	15 malades.	6	8		1
HYDARTHROSE	2 malades. 2 guérisons.	1			1
BRULURE	4 malades. 3 guér., 1 hôp.	2 1 hôpit.		1	1
PHLEGMON	4 malades. 4 guérisons.	2	2		
ABCÈS (DONT 1 DU SINUS MAXILLAIRE.)	5 malades. 5 guérisons.	1	3		1
CONTUSION	12 malades. 12 guérisons.	3	6	2	1
ULCÈRE AUX JAMBES	4 malades. 1 hôp.	2 1 hop.	2		
NÉCROSE DU FÉMUR	1 malade. 1 guérison.	1			
CARIE DES OS	2 malades.			1	1

Genres de Maladies.	NOMBRE DE MALADES et issue des maladies.	Hommes.	Femmes.	Garçons.	Filles.
ENTORSE................	5 malades 5 guérisons.	2	2	1	
ENTORSE ET FRACTURE D'UN MÉTATARSIEN............	1 malade. 1 guérison.	1			
LUXATION DE L'HUMÉRUS...	1 malade. 1 guérison.			1	
FRACTURE DE 2 COTES......	1 malade. 1 guérison.				
FRACTURE D'UN CONDYLE DE L'HUMÉRUS..............	1 malade. 1 guérison.	1			
TOENIA...................	1 malade. 1 guérison.		1		
LOUPE A LA PAUPIÈRE......	1 malade. 1 guérison.		1		

Si, maintenant, nous considérons la profession de nos malades, nous avons eu à traiter.

<table>
<tr><td>40 Couturières.</td><td>3 Bijoutiers.</td></tr>
<tr><td>33 Hommes de peine, (Journaliers).</td><td>3 Matelassières.</td></tr>
<tr><td>26 Portiers.</td><td>2 Cannières.</td></tr>
<tr><td>26 Femmes de ménage.</td><td>2 Casquettières.</td></tr>
<tr><td>25 Tailleurs.</td><td>2 Giletières.</td></tr>
<tr><td>18 Lingères.</td><td>2 Imprimeurs.</td></tr>
<tr><td>17 Cordonniers.</td><td>2 Brocheuses.</td></tr>
<tr><td>11 Fleuristes.</td><td>2 Tisserands.</td></tr>
<tr><td>10 Serruriers.</td><td>2 Employés de bureau.</td></tr>
<tr><td>9 Menuisiers.</td><td>1 Cocher.</td></tr>
<tr><td>9 Marchands des rues.</td><td>1 Sellier.</td></tr>
<tr><td>7 Blanchisseuses.</td><td>1 Ouvrier en porcelaine.</td></tr>
<tr><td>7 Peintres.</td><td>1 Charbonnier.</td></tr>
<tr><td>4 Cuisinières.</td><td>1 Layetier.</td></tr>
<tr><td>4 Mendiants.</td><td>1 Maçon.</td></tr>
<tr><td>4 Bordeuses de souliers.</td><td>1 Ecaillère.</td></tr>
<tr><td>3 Tapissières.</td><td>1 Polisseuse, etc.</td></tr>
</table>

En résumé, le nombre des malades traités à domicile a été de 500, savoir :

109 hommes
232 femmes
67 garçons
92 filles.

Ce qui nous donne 15,092 jours de maladie
et 11,298 jours de traitement ;

Savoir : 3,775 jours de maladie pour hommes
et 2,864 jours de traitement.

7,081 » de maladie pour femmes
et 5,406 » de traitement.

1,685 » de maladie pour garçons
et 1,418 » de traitement.

2,551 » de maladie pour filles
et 1,610 » de traitement.

378 sujets ont été guéris ;
44 sont morts ;
13 sont partis pour l'hôpital ;
8 ont disparu
54 restaient en traitement au 1er janvier 1848.

Nous avons donc eu dans le courant de l'année 1 malade sur 5 habitants, nombre peu considérable eu égard à la population de notre bureau. La moyenne est à peu près de 1 malade 1/2 par jour : 42 par mois.

La durée moyenne des maladies a été de 30 jours ; celle du traitement de 22. Ces chiffres eussent été infiniment moins élevés si nous n'avions pas compris dans notre tableau de ces maladies terribles par leurs conséquences et leur durée, et auxquelles l'hôpital ferme ses portes.

La durée moyenne du séjour dans les hôpitaux a été de 26 jours 07.

La moyenne de la maladie pour les *hommes* a été de 34 jours, et celle du traitement de 26.

La moyenne de la maladie pour les *femmes* a été de 30 jours, et celle du traitement de 23.

La moyenne de la maladie pour les *garçons* a été de 25 jours, et celle du traitement de 21.

La moyenne de la maladie pour les *filles*, a été de 27 jours, et celle du traitement de 17.

De ces chiffres il ressort que les hommes ont été plus longtemps malades et le plus longtemps en traitement. Les filles ont au contraire été guéries le plus vite. L'un dans l'autre, tous nos malades ont été souffrants sept jours avant de réclamer les secours de la médecine.

De nos documents il résulte encore ceci que :
  les guérisons ont été   de 1 sur 1, 32
  les décès   de 1 sur 11, 36 (1)
  l'entrée dans les hôpitaux de 1 sur 38, 46
  les disparitions   de 1 sur 62, 30
  il en reste en traitement   1 sur 9.

Si l'on compare la durée de nos maladies et nos décès avec ceux des hôpitaux, nous venons de le prouver, l'avantage sera de beaucoup en notre faveur.

Enfin, si l'on pouvait défalquer ces individus voués à la souffrance jusqu'à leur mort et que le bureau est obligé de garder (ce dont il est loin de se plaindre), l'avantage serait bien plus considérable encore.

Dans l'exposé que nous venons de faire, il est à remarquer d'abord que le plus grand nombre des malades est constamment du sexe fémi-

---

(1) Dans les hôpitaux la moyenne des décès, pendant le même temps, a été de 1 sur 10, 34. Mais si l'on met à part les hôpitaux spéciaux, où les chances de mortalité sont bien moins grandes, on arrive pour les hôpitaux généraux, et c'est avec eux que nous devons être comparés, à une moyenne de décès de 1 sur 8, 90.

nin. Ce fait s'explique facilement : outre les affections qui leur sont propres, les femmes sont exposées à presque toutes les maladies qui peuvent atteindre les hommes.

Leur alimentation est bien plus souvent insuffisante et de plus mauvaise nature. Enfin, elles sont en plus grand nombre sur les listes des bureaux de bienfaisance.

Les maladies les plus fréquentes ont été celles du système respiratoire, puis celles des organes abdominaux. Nous avons eu beaucoup de rougeoles parmi les enfants; quelques varioles ont atteint des individus non vaccinés, et dans la même famille, d'autres sujets qui avaient été vaccinés, ont été affectés de la varicelle ou de la varioloïde.

Des fractures graves et des luxations compliquées de fracture ont été traitées avec le plus grand succès.

On peut donc guérir les maladies les plus sérieuses à domicile, aussi bien que dans les hôpitaux, toutes les fois pourtant que l'extrême dénuement des individus ne vient pas apporter un obstacle insurmontable.

Le nombre des accouchements faits par nos sages-femmes a été de 72. Quelques-uns ont réclamé l'intervention du médecin.

Le chiffre des vaccinations continue à être très-élevé; nous ne nous y arrêterons pas, puisqu'elles sont le sujet d'un excellent rapport particulier. Seulement, Messieurs, nous vous rappellerons avec plaisir que c'est aussi de chez nous que sont sortis les tableaux synoptiques appliqués à la vaccine et aux points qui s'y rattachent, tableaux qui nous ont valu non-seulement des éloges, mais encore la satisfaction de voir le ministre les recommander à tous les bureaux de vaccination. Espérons que nos tableaux synoptiques pour le relevé des malades recevront le même accueil.

Grâce aux travaux de nos confrères, sur ces tableaux synoptiques, nous avons donc pu faire un résumé exact du nombre de nos malades, de leur sexe, de leur âge, de leur profession, de leurs affections mor-

bides, de la durée du traitement de ces dernières, enfin, de l'issue
favorable ou funeste qu'elles ont eues. Nous les en remercions vivement et nous attendons de leur zèle et de leur amour pour les pauvres la continuation de leurs efforts, leur sachant gré de nous avoir
épargné les obstacles nombreux qu'ont éprouvé ceux qui, dans les
autres arrondissements, ont été chargés d'un travail qu'ils ont appelé
eux-mêmes aride et stérile, et qui, espérons-le, ne le sera pas chez
nous.

La dépense moyenne des sujets reçus dans les hôpitaux étant de
1 fr. 86 c., par jour, il en résulte une grande différence à l'avantage
des bureaux de bienfaisance, puisque ces derniers n'ont eu à payer,
pour médicaments en 1847, que 87 centimes seulement par chaque
individu.

Nous devons néanmoins vous faire remarquer, Messieurs, que dans
notre bureau nous avons dépassé cette moyenne et atteint le chiffre de
1 franc. Cela peut s'expliquer, peut-être, par notre attention à traiter
à domicile un plus grand nombre de maladies graves. Cependant cette
appréciation que nous avons voulu donner est évidemment exagérée,
puisque dans la répartition de la somme dépensée nous n'avons pu
tenir compte des nombreuses consultations données à domicile, et que,
dans notre rapport, la dépense semblerait peser exclusivement sur les
maladies aiguës.

On comprendra que les bureaux de charité répandant leurs
bienfaits sur toute la population inscrite sur leurs registres, il est im-
possible, dans l'état des choses, d'arriver à connaître la dépense parti-
culière faite pour les maladies aiguës. Mais il est bien évident qu'une
large part de la dépense totale doit être réservée pour les frais de
consultation chez le médecin, et dont on n'a pu tenir compte. Il est
nécessaire ensuite de signaler que le chiffre de dépense du bureau de
bienfaisance s'applique à *l'année entière*, et que, grossi des autres
frais pour soins à domicile, il n'arrive pas encore à égaler celui d'*une
seule journée* de malade dans les hôpitaux.

Faisons donc en sorte que l'hôpital ne soit plus qu'une exception,

Si quelques individus dégagés de tout lien de famille vont y chercher un asile, si quelques paresseux y prolongent leur séjour parcequ'ils y trouvent le vivre, le couvert et l'oisiveté, combien en est-il pour qui l'isolement de l'hôpital sera un tourment de tous les instants? Isolement d'autant plus cruel qu'il arrive au moment où l'homme ressent plus vivement le besoin de soins affectueux, de consolations, et de ces encouragements qui consistent quelquefois dans un simple geste, ou un serrement de main, et que le cœur seul sait inspirer. Enfin, dans son foyer domestique, le malade retrempe son courage et ses forces, et en faisant nos efforts pour l'y soutenir nous aurons fait un pas de plus dans la voie qui tend à développer le plus noble mobile des actions de l'homme en société : l'esprit et l'amour de la famille.

Combien de malheureux vont aussi dans les hôpitaux contracter des maladies souvent plus dangereuses que celles qui les y ont fait entrer !

En résumé, isolement du malade loin des siens, durée plus longue de la maladie, danger de contagion, mortalité plus fréquente, dépense plus considérable pour l'administration, voilà ce que présentent les hôpitaux.

A domicile, au contraire, on rencontre la moralité, les soins affectueux, la guérison plus rapide et plus fréquente, la tranquillité du malade dont les yeux ne sont pas sans cesse frappés des plus tristes tableaux, enfin l'économie.

Voilà ce qui nous fait répéter : l'hôpital ne doit être qu'une exception.

Dans ce temps de fraternité et de régénération sociale, cette exposition est assurément de nature à consoler les âmes généreuses et à donner un nouvel élan à la bienfaisance publique.

Espérons, Messieurs, que l'administration supérieure reconnaissant les services que peuvent rendre les bureaux de bienfaisance et comme complément, et comme auxiliaires des hôpitaux, nous accordera désormais plus amplement les moyens de développer les bienfaits dont le germe est en notre institution.

Administrateurs et médecins, marchons donc avec le même zèle vers ce but de nos communs désirs.

Tel est, Messieurs, le compte-rendu que nous avons l'honneur de vous présenter, heureux si l'appréciation des faits que nous avons fait passer sous vos yeux a rempli votre attente.

AMEUILLE, D. M. P.

PARMENTIER, D. M. P.